आराधना

सृजन सारथी

AF518978

ट्रू साइन

प्रकाशक : ट्रू साइन पब्लिशिंग हाउस
पता : 21, द्वितीय तल, कुन्दन नगर, बागमुगलिया,
भोपाल, मध्य प्रदेश - 462026 भारत
ईमेल : truesignbooks@gmail.com
वेबसाइट : www.truesign.in

© लेखकाधीन

आराधना

संकलन : सृजन सारथी
srajansarathi@gmail.com
+918889998666

कवर डिज़ाइन : बसीम खान

ISBN: 978-93-5988-793-7

संस्करण: 2024

बिना प्रकाशक/लेखक की लिखित अनुमति के इस पुस्तक या इसके किसी भाग का कोई भी व्यावसायिक इस्तेमाल नहीं किया जा सकता है, न ही इसको कोई कॉपी करायी जा सकती है, न रिकार्डिंग और न ही कंप्यूटर या किसी अन्य माध्यम से स्टोर किया जा सकता है।

अनुक्रमणिका

मेरी कलम मेरे गीत-३

आराधना

एम.जी. सचिन

ग्वालियर

1

श्री राम नाम शरणम, श्री राम नाम शरणम!
श्री राम नाम शरणम, श्री राम नाम शरणम!!

राम सा पुत्र तुझको भी मिल जायेगा
गर तू राम नाम की धुन श्रद्धा से गायेगा
पड़ें तेरे भी घर में श्री हरिचरणम!!!

लक्ष्मण सा भाई तुझको भी मिल जायेगा
गर तू राम सा स्नेह भाईयों से जतायेगा
पितातुल्य तुझे वो करे वरणम!!!

हनुमान सा भक्त तुझको भी मिल जायेगा
मित्र की तरह गले उसको तू जो लगाएगा
तेरी चिंता लेगा पवनसुत सी हरणम!!!

श्री राम नाम शरणम, श्री राम नाम शरणम!
श्री राम नाम शरणम, श्री राम नाम शरणम!!

2

राम-राम का ले लो नाम, काम यही कर सुबह-शाम!
राम बनाएंगे अब तेरे काम, राम-राम का ले लो नाम!!

आज्ञा पिता की लेकर वन को प्रभु ने किया प्रस्थान
नाव में केवट की बैठकर दिया उसको ये सम्मान
छोटा-बड़ा न जात से कोई धारणा तोड़ के आम
राम बनाएंगे अब तेरे काम, राम-राम का ले लो नाम!!!

चरण से छूकर देवी अहिल्या का करके उद्धार
जूठे बेर शबरी के खाये, उसके स्वप्न किये साकार
ग्रहण करेंगे प्रभु तुझसे भी भक्ति भाव हो गर दाम
राम बनाएंगे अब तेरे काम, राम-राम का ले लो नाम!!!

राह समुंदर से माँगी थी होकर प्रभु ने विनम्र
एक बाण से जो उसको सूखा दे, लेकिन रहे वो नम्र
वध रावण का करके उसको भेजा वैकुण्ठ धाम
राम बनाएंगे अब तेरे काम, राम-राम का ले लो नाम!!!

3

कभी राम जनम लेकर, कभी श्याम जनम लेकर!
आये नारायण हर बार करने अधर्म पे कड़ा प्रहार!!

प्रहलाद सा पुत्र पाकर भी जो समझ न उसको पाया
मुझसे बड़ा न कोई कहकर खुद का पूजन करवाया
अहम तोड़ने हिरण्य कश्यप का ले नरसिंह अवतार
आये नारायण हर बार करने अधर्म पे कड़ा प्रहार!!!

अत्याचारी हुए थे जब क्षत्रिय जगत के सारे
परशुराम का ले अवतार मार दिए थे सारे
क्षत्रिय विहीन कर दिया आपने सात बार संसार
आये नारायण हर बार करने अधर्म पे कड़ा प्रहार!!!

राम के रूप में आकर रावण का शीश झुकाया
कृष्ण रूप में आपने कुरुक्षेत्र में रण भी कराया
कल्कि रूप में आएंगे फिर जो बढ़ेगा अत्याचार
आये नारायण हर बार करने अधर्म पे कड़ा प्रहार!!!

4

इतने निर्मल हैं मेरे भोले बाबा, सब पर विश्वास रखते हैं!
दयावान हो जाये हर प्राणी, बस इतनी सी आस रखते हैं!!

लीन समाधी में रहते हैं, अपशब्द भी सबके सह लेते हैं,
भोले हैं इतने बाबा मेरे, जैसा भक्त रखे वैसे रह लेते हैं!!
भस्म रगड़कर शरीर पर अपने, भंग का गिलास रखते हैं,
इतने निर्मल है मेरे भोले बाबा, सब पर विश्वास रखते हैं!!

किया जगत कल्याण आपने, पीकर ज़हर का प्याला,
होकर भक्ति से अभिभूत, वरदान भी सबको दे डाला!!
भक्ति की आसक्ति की, अबुझ प्यास वो रखते हैं,
इतने निर्मल हैं मेरे भोले बाबा, सब पर विश्वास रखते हैं!!

5

मानो या ना मानो तुम, ज्योतिर्लिङ्ग हैं बारह खास
यहीं बसे शिव शंभू मेरे, मेरा अटूट है ये विश्वास
जय-जय हो भोलेनाथ, जय-जय हो भोलेनाथ!!

उज्जयिनी में बसे हुए हैं ले महाकाल का रूप
नर्मदा तट पर अवतरित हुए ओंकारेश्वर स्वरूप
यू. पी. में आकर कहलाये आप काशी विश्वनाथ
भक्तों के सर पर सदा रहेगा बैजनाथ का हाथ
जय-जय हो भोलेनाथ, जय-जय हो भोलेनाथ!!

क्षत-विक्षत हुए बारंबार फिर भी उभरे ले नवरूप
अहिल्याबाई ने दिया था सोमनाथ को नया स्वरूप
गुजरात के सागर तट पर हैं नागेश्वर हुए विराज
रामसेतु के निर्माण में मिला रामेश्वर का आशीर्वाद
जय-जय हो भोलेनाथ, जय-जय हो भोलेनाथ!!

कालसर्प का दोष निवारण करते हैं त्रयंबकेश्वर
भीमाशंकर के दर्शन पाकर फिर पहुँचो घृष्णेश्वर

आंध्रा का मल्लिकार्जुन ग्यारह हो गए ज्योतिर्लिङ्ग
बारह ज्योतिर्लिङ्ग के दर्शन से मिलेंगे परमेश्वर
बर्फ की चादर ओढ़ बुलाते भक्तों को केदारनाथ
जय-जय हो भोलेनाथ, जय-जय हो भोलेनाथ!!

6

हम सभी का जन्म तब धन्य सा हो जाये!
बने तपस्वी राम सा तू, भाव क्षम्य सा हो जाये!!

ध्यान तुझमें ही लगाकर जिसने ये जीवन गुज़ारा
बन गया उसका प्रभु तू अटूट एक ही सहारा
मोह-माया में उलझकर जो अन्य सा हो जाये
रहे अधूरी साधना वो अकर्मण्य सा हो जाये
बने तपस्वी राम सा तू, भाव क्षम्य सा हो जाये!!

रिश्तों के प्रति समर्पण तूने जग को है सिखाया
पिता के दिए वचन को पूर्ण लगन से निभाया
भार्या और भ्राता के संग जो वन्य का हो जाये
उद्धार हो जो भक्त उसका अनन्य सा हो जाये
बने तपस्वी राम सा तू, भाव क्षम्य सा हो जाये!!

7

साधना-आराधना आरम्भ हुई भावपूर्ण अब ये लय हो
भक्तिरस में सराबोर हुए सब, अब तो प्रभु से प्रणय हो
गणपति जगवंदन जय हो, गणपति जगवंदन जय हो!!

प्रथम पूज्य हो प्रभु, तुम हो इस जीवन का आधार
प्रारम्भ होता हर काज तुम्हीं से, तुम से ही साकार
तुम जब हो साथ मेरे, फिर मुझे किस का भय हो
गणपति जगवंदन जय हो, गणपति जगवंदन जय हो!!

प्रभु तुम नटराज सुमन, तुम्हीं रंगमंच के स्वामी हो
नाट्य संस्कृति के पोषक हो, चरित्र बहुआयामी हो
अचल बदन है, चपल नयन हैं! गहन ये अभिनय हो
गणपति जगवंदन जय हो, गणपति जगवंदन जय हो!!

8

राधा का है कृष्ण सदा से, गोपियों का है कन्हैया
ब्रजभूमि पर खेलने वाले, हैं यशोदा तेरी मैय्या
जय हो कृष्ण कन्हैया, जय-जय हो कृष्ण कन्हैया!!!

मथुरा में लेकर जनम तुम पहुंचे वृन्दावन धाम
नंदगाँव का माखन चुराया तूने प्रेम-रस के दाम
बँसी की धुन सुनकर आती गाँव की सारी गैय्या
जय हो कृष्ण कन्हैया जय-जय हो कृष्ण कन्हैया!!!

कालिया मर्दन का खेल दिखाया पूतना को झुका दिया
अपनी तर्जनी पर ही तूने पुरे गोवर्धन को उठा लिया
कंस वध करके मथुरा की तूने पार लगा दी नैय्या
जय हो कृष्ण कन्हैया जय-जय हो कृष्ण कन्हैया!!!

9

हिम्मत से गर लेता रहा तू काम, देर सही लेकिन होगा तेरा नाम
लहरों से डटकर सागर से लड़कर, हासिल होगा तुझको अपना मुकाम
आज भले ही दूर किनारे हैं, हम बाबा श्याम के सहारे हैं..!

कष्ट भरे इस जीवन से मुक्ति तुझे मिल जाएगी
खोई हँसी इस चहरे पर देख कैसे खिल जाएगी
खाटूश्याम की शरण में आकर जीत तुझे मिल जाएगी
भक्ति कर ले खाटूश्याम की, वो भगवान हमारे हैं
हम बाबा श्याम के सहारे हैं..!

तीन-तीर से कर सकते थे वो पूरे कुरुक्षेत्र को साफ़
लेकिन प्रभु का मान रखकर, कर दिया सबको माफ़
श्याम नाम देकर प्रभु ने दिया लोक कल्याण का काज
खाटूश्याम बनकर अब वो सबका जीवन सँवारे हैं
हम बाबा श्याम के सहारे हैं...!

10

छोड़ के सारे काज प्रभु मैं आया तेरे द्वार
जीवन हुआ साकार, ये जीवन हुआ साकार

आरम्भ हुआ ये जीवन जब से, मैं समझ न उसको पाया
मोह-माया में उलझकर देखो, मैंने सच्चा सुख ये गँवाया
संग्रह किया धन जिस परिवार की खातिर, उसने भी रुलाया
धन से बने झूठे रिश्तों ने मुझको, पलभर में ठुकराया
जीवन दहल उठा था मेरा, मच गया था हाहाकार
छोड़ के सारे काज प्रभु मैं आया तेरे द्वार..!

1

आज़ादी का अमृत महोत्सव, मिलकर ऐसे मनायें हम
आओ हर घर आज सभी ये तिरंगा लहरायें हम
वन्देमातरम, वन्देमातरम, वन्देमातरम...!

हिन्दू, बौद्ध, सिक्ख, जैन, पारसिक, मुसलमान, ख्रिस्तानी
एक प्रेम-सूत्र में बंधे हुए हैं, मेरे देश के ये प्राणी
आज़ादी के नायक सभी ये, सबको ये बतलायें हम
आओ हर घर आज सभी ये तिरंगा लहरायें हम
वन्देमातरम, वन्देमातरम, वन्देमातरम...!

देश की खातिर कितनों ने यहाँ, अपना लहू बहाया था
हर घर ने प्राणों की आहुति डाली, तब आज़ादी को पाया था
लौहपुरुष हर घर से निकलेगा, क्यों दुश्मन से घबरायें हम
आओ हर घर आज सभी ये तिरंगा लहरायें हम
वन्देमातरम, वन्देमातरम, वन्देमातरम...!

2

भारत की आज़ादी का ये पचहत्तरवाँ साल रे
लहरायेंगे तिरंगा हर घर में, हम हर हाल में...!

छोड़ के जाति-धर्म की बातें, कंधे से कंधा मिलाया था
तोड़ गुलामी की जंजीरे फिर, हमने आज़ादी को पाया था
थाम के सबने हाथों में अपने, तिरंगे को लहराया था
'आज़ादी के अमृत महोत्सव' पर कर दे फिर धमाल रे
लहरायेंगे तिरंगा हर घर में, हर हाल में...!

3

इतिहास के पन्नों में तुम्हें वीर वही याद आएंगे
उनकी वो दास्ताँ सुनकर आँखों में आँसू आएंगे
देश की खातिर कितनों ने यहाँ अपना लहू बहाया था
भुला दिए गए जो हम उनकी गाथा आज सुनाएंगे...!

धर्म न छोड़ा, उसूल न तोड़े! जो खड़े थे मौत की घाटी में
हिन्दवी स्वराज का सपना शिवा का, ज़िंदा रखा संभाजी ने
गुरुगोविन्द सिंह और महाराणा ने मोर्चा खूब सम्हाला था
चालीस युद्ध लड़े थे लेकिन, हारा न एक कभी बाजी ने
नींद भगाने, सबको जगाने! हम गीत ये सबको सुनाएंगे
भुला दिए गए जो हम उनकी गाथा आज सुनाएंगे...!

देश की खातिर हँसते-हँसते फाँसी पर जो झूल गए
ऐसे चाफ़ेकर बंधू को क्यों लोग आज के भूल गए
देश की खातिर मरने वाले हमसे पूछ रहे हैं ये आज
सावरकर जैसे वीरों पर क्यूँ बँट गया है ये समाज
देशभक्ति का जज़्बा जगाने हम ये गीत नया दोहराएंगे
भुला दिए गए जो हम उनकी गाथा आज सुनाएंगे...!

4

ऐ वतन मेरे तुझे आबाद रखेंगे
हर घड़ी हर लम्हा तुझे याद रखेंगे
ऐ वतन मेरे वतन!!!

स्वराज की खातिर कितने मर मिटे थे यहाँ
आज़ादी के दीवानों ने था कितना कुछ सहा
लगाते हैं इल्ज़ाम जो अपने ही वतन पे
स्वतंत्रता का मोल इन्हें पता ही कुछ कहाँ
फिर से कहानियाँ ये बच्चे-बच्चे सुनेंगे
हर घड़ी हर लम्हा तुझे याद रखेंगे
ऐ वतन मेरे वतन!!!

पूछे न ये सवाल कभी अपने वतन से
क्या किया है तूने मेरे लिए जतन से
मिला है ये मौका तुझे तू करके कुछ दिखा
देश के लिए तू अपने तन और मन से
नौजवान अपने दिल में ये जज़्बात रखेंगे
हर घड़ी हर लम्हा तुझे याद रखेंगे
ऐ वतन मेरे वतन!!!

5

जिस पर हम मर मिटे वो देश है मेरा
सर पे इसके पहनाते जीत का सेहरा
दे देंगे इसके लिए हम तो अपनी जान
हिन्दूस्तान - हिन्दूस्तान – हिन्दूस्तान!!

एक राजपूत से हार गया था वो ख़िलजी
मुग़लों से लोहा लेने आ गए वीर शिवाजी
मेवाड़ के महाराणा को भुला सकेगा कौन?
जिनके जज़्बे के आगे हो गए सभी गौण
लेकिन अंग्रेजों ने फ़िर यहाँ कब्ज़ा जमाया
आज़ादी का मंगल पांडे ने बिगुल बजाया
सुखदेव, भगतसिंह, राजगुरु ने दिया बलिदान
हिन्दूस्तान – हिन्दूस्तान – हिन्दूस्तान!!

आज़ाद को छू न सका था कोई फिरंगी
अशफ़ाक़, बिस्मिल के भी हौंसले थे जंगी
नारियाँ भी उतरी थीं रण में होकर मर्दानी
झलकारी, कित्तूर चेन्नम्मा और झाँसी की रानी
बिरसामुंडा, उधमसिंह और खुदीराम बोस

टिक न सके अंग्रेज़ जो आई नेताजी की फौज
देश को मिले पुत्र सावरकर और बापू से महान
हिन्दुस्तान – हिन्दुस्तान – हिन्दुस्तान!!

6

हम गीत शौर्य के गाएंगे और सबको यही सुनायेंगे
देश की खातिर लहू बहाना सबको यही समझायेंगे

पहन के खादी नेता जो भी बापू को बदनाम करे
बाबासाहेब की आड़ में जो खुद का ही गुणगान करे
आम आदमी की आड़ में जिसने काटे हैं कई झाड़ यहाँ
विदेश में जाकर नेता जो देश को ही बदनाम करे
राजनीति के गलियारों से अब उनको हम धकियाएंगे
देश की खातिर लहू बहाना सबको यही समझायेंगे

आतंकी दुश्मन हैं इस जहाँ के कोई मुसलमान नहीं
धर्म की आड़ में अधर्म करे जो वो कोई इंसान नहीं
बाप के दम पर बन बैठे हैं देश में नेता जो भी यहाँ
मृत शरीर के स्वामी हैं वो उनमें कोई प्राण नहीं
लोक-लुभावन वादों को मिलकर अब सब ठुकरायेंगे
राजनीति के गलियारों से अब उनको हम धकियाएंगे

7

देश की सुरक्षा का लिया है मैंने प्रण
न ले जाने दूँगा, इस माटी का मैं कण
देश के अंदर ही जयचंद है कितने
लड़कर जीतूंगा अब यही है मेरा रण

आज़ाद भारत में भी हम क्यों डर-डर के जियें
डरकर पत्थरबाजों से हम क्यूँ मर-मर के जियें
बाँट दिया इस देश को जो मेरे हुक्मरानो ने
सन सैंतालीस के वो घाव मेरे अब तक न सिये
बनकर फौजी देश के अपने हम उठाएंगे गन
न ले जाने दूँगा दुश्मन को, इस माटी का मैं कण

हर तरफ गज़वा-ए-हिन्द का जो शोर है
देश की सीमा पर घुसपैठियों का ज़ोर है
कैसे भगायें अहिंसा के बल पर इनको हम
अंग्रेज़ो का नहीं अब ये दानवों का दौर है
भारत माता को बचाने, तू भी राष्ट्रभक्त बन
न ले जाने दूँगा दुश्मन को, इस माटी का मैं कण!

मेरी कलम मेरे गीत-३

आराधना

अंजुला सिंह

प्रयागराज

1

भागीरथी और अलकनंदा के मेल से होता इसका उद्गम
भारत-भूमि को सिंचित करती, पहुँचे ये जन- जन
माँ मानते इसको हम अपनी, शोभा इसकी है अनुपम
प्रयागराज में गंगा, यमुना, सरस्वती से मिलकर होता है संगम!

उत्तराखंड में हिमालय, गंगोत्री, हिमनद गोमुख स्थान से
बंगाल की खाड़ी से सुंदरवन तक बहती है ये मान से
डुबकी लगाते हैं श्रद्धालु इस में होकर आशावान से
अवतरित हुई पृथ्वी पर ऋषि भागीरथी के ध्यान से!

महादेव ने जटाओं में संभाला इसका वेग प्रबल
रोगी, निरोगी, धनी और निर्धन सबको देती सम्बल
अनंतकाल तक सुरक्षित रहता है अलौकिक गंगा जल
मोक्ष प्रदायिनी, पापनाशिनी मानी जाती माँ गंगा निर्मल!

2

शिव स्व भी है और संसार भी
शिव सृजन भी है और संहार भी
शिव के बिना कुछ नहीं है जग में
है तू ही सबका पालनहार भी!!

आकार भी तू है निराकार भी तू है
अदृश्य भी तू है और साकार भी तू है
रूप है प्रत्यक्ष शिव इस जग का
और मन में उठता विचार भी तू है

कवच है अपने भक्तों का अगर तू
प्रतिद्वंद्वी पर कड़क प्रहार भी
शिव के बिना कुछ नहीं है जग में
है तू ही सबका पालनहार भी!!!

तू सूक्ष्म है शिव और विकराल भी है
भोले हैं शिव मेरे तो त्रिकाल भी हैं
विध्वंस प्रलयंकारी है जो अगर तू
काल के ऊपर महाकाल भी है
शून्य हो जाये विलीन तुझमें

प्रतीक्षारत की लम्बी कतार भी
शिव के बिना कुछ नहीं है जग में
है तूही सबका पालनहार भी!!!

3

हे वीणा वादिनी, हे ज्ञान प्रकाशिनी, हे हंसवाहिनी माँ
तेरे होने से जग उजियारा, तेरी महिमा से सजा जहाँ!!!

हर शब्द में, हर छंद में, हर राग में, हर कंठ में तेरा वास
हर कलाकार की तूलिका में भरती तू ही तो एहसास
सृजनहार है तू प्रत्येक कला की, कलाकार तेरी संतान
तेरी प्रेरणा से ही तो उसका जगत में बढ़ता है सम्मान!!!

सौम्य है तेरा रूप माता, श्वेत वस्त्र तू करती धारण
तेरी भक्ति-मार्ग से होता सब कष्टों का निवारण
करुणा तेरी पाऊँ जीवनभर, ये कर दो माँ उपकार
तेरी भक्ति में रमें हैं निशदिन, अरज़ करो स्वीकार!!!

4

हे वीर सिपाही भारतभूमि के, वसुधा करती तुम्हें नमन
सच्चे सपूत का कर्तव्य निभाया, तन-मन से तुम्हें वंदन..!!

घात लगाया जब दुश्मन ने, निर्भय हो तुमने मार भगाया
झुकने न दिया देश के ध्वज को, लहू बहाकर उसे बचाया
कारगिल हो या हो गलवान, देश के लिए हो गए कुर्बान
साहस भरे सब तेरे काम, शौर्य-पराक्रम ये तेरे दूजे नाम
ध्वस्त किये हैं तूने हरदम दुश्मन देश के सभी जतन
हे वीर सिपाही भारतभूमि के, वसुधा करती तुम्हें नमन..!!

संयम और अनुशासन में इनका नहीं है कोई सानी
अब तो समूचे विश्व ने देखो बात ये मेरी है मानी
मिलकर दें इनको सम्मान, इनकी वीरता के गाएँ गान
इनकी वीर गाथाएँ देश के बच्चे, बूढ़े सबजन जाएँ जान
धूमिल न हो कभी चमक तुम्हारी, देश के हो अनमोल रतन
हे वीर सिपाही भारतभूमि के, वसुधा करती तुम्हें नमन..!!

5

वो ढलते शाम के सूरज की, सिंदूरी सी आभा
जिसकी रश्मि ने दूर-दूर तक, नभ को है ढाँका

वो चिड़ियों का चहचहाकार, घरोंदे को आना
अपने बच्चों को फिर चोंच से, भोजन खिलाना

वो बलखाती नदियों का, नीला स्वच्छ जल
जैसे राग सुना रहा है, बहता हुआ कल-कल

ये नभ की प्यास बुझाती, बरसाती मेघ बनाती
नव-कोपलें प्रस्फुटित करती, जब खेतों में जाती

वो खेतों में मदमस्त, हरियाली का अनुपम राज
ख़ुशी प्रकट करते हैं, मानो मिलकर ये सब आज

वो पगडण्डी का लहराकर, मंजिल की और जाना
अठखेलियाँ करते हुए, उनमें हमारा हौले समाना

मनोरम है सिंदूरी, नीले और हरियाली का खेल
जो अपनी झोली में भर लाये अद्भुत से ये मेल

कभी प्रकृति को मदमस्त करने को हैं आते
तो कभी हमारे तिरंगे की शोभा हैं ये बढ़ाते

न जाने कैसे, कब इन पर शुरू हुआ मजहबी खेल
साजिश होने लगी ऐसी की हो न सके इनका मेल

कैसे केसरिया हिन्दू, हरा मुसलमानी हो गया
प्रकृति का अद्वितीय मेल भी बेमानी हो गया

किसी को चाहिए बाबरी मस्जिद में अजान
कोई रट रहा है श्री राम मंदिर का बस गान

सरहद पर गोली सीने पर लेते देश के जवान
पर लेते दोगले नेता हर बार वाहवाही सम्मान

कैसे समझ सकेंगे राजनैतिक पेंच के सामान
उनके लिए सर्व धर्मों में एक धर्म है महान

कभी आये हैं उनके माँ-बाप, बीबी-बच्चे ध्यान ?
अपनों की ही जड़ें काटते जयचंदों को प्रणाम

मज़हबी पैरोकार दिखा दें चाहे कितने भी ढंग
हम एकता और प्रेम से कर देंगे सबको मलंग

मेरे वतन की रूह समायी है इन रंगों के संग
मेरे तिरंगे की गरिमा बढाते ये मेरे प्रिय रंग

इनकी एकरूपता करती है दुनिया को दंग
हाँ-हाँ इनकी रंगत बसी है मेरे अंग-प्रत्यंग!!

मेरी कलम मेरे गीत-३

आराधना

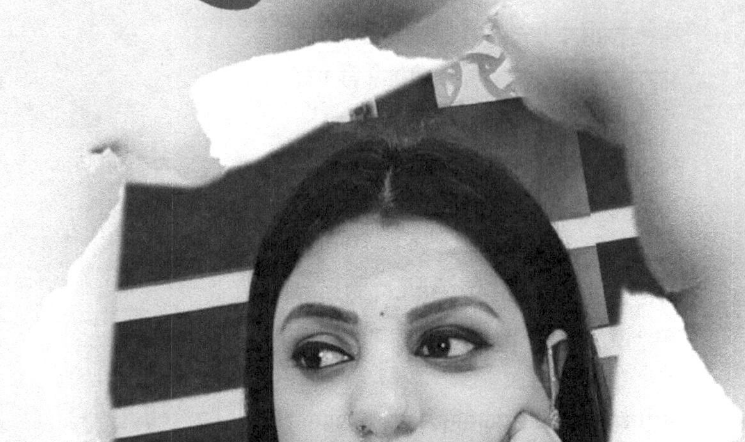

प्रीति श्रीवास्तव

जौनपुर

भजन - 1

तुम्हारा नाम प्यारा है,
तुम्हारा दर्श प्यारा हो।
तुम ही स्वामी हमारे हो,
हमे तेरा सहारा हो।

प्रभु जाएं कहां तुम बिन,
कहां पूछे कोई तुम बिन,
भवर में डूबे जब नैया,
तुम्ही मेरा किनारा हो ।
तुम ही स्वामी हमारे हो.......

हमारी काली रातों के,
हमारी सूनी आंखों के,
हमारी सूनी राहों के,
तुम्ही रोशन सितारा हो।
तुम ही स्वामी हमारे हो......

प्रभु इतनी कृपा करना,
हमपे इतनी दया करना,

कि भवसागर में जब डूबे,
हाथ में हाथ तुम्हारा हो।
तुम ही स्वामी हमारे हो......

जो अपना हाथ फैलाए,
न खाली हाथ वो आए,
तुम्हारी शरण वो आए,
जो हर दुनिया से हारा हो।

भजन - 2

तुम बिन कौन बनाए मेरी बिगड़ी,
प्रभु जी सुनियो अरज मेरी....।
प्रभु जी सुनियो अरज मेरी....।
सब तुम जानो अवगुण मेरे,
तुम ही जानो सब गुण मेरे।
गुण अवगुण मेरे चित ना धरो,
बस तुम सुनियो अरज मेरी।
प्रभु जी सुनियो अरज मेरी....

सब लोगन के लोग हैं लाखों,
एक मैं ही हूं निपट अकेली।
सबके बंधु भाई सखा पर,
मेरी ना कोई संग सहेली ।
इक तुम ही हो सखा हमारे,
इक तुमसे ही गरज मेरी ।
प्रभु जी सुनियो अरज मेरी....

रोज ही निकले सूर्य चंद्रमा,
रोज निकलते लाखों तारे ।

फिर भी मेरी रातें घनेरी,
फिर भी मेरे दिन अंधियारे।
इक तुम ही हो आस का दीपक,
आंखों की हो चमक मेरी।
प्रभु जी सुनियो अरज मेरी....

भजन - 3

प्रभु की कृपा से ही सब होगा
जो भी होगा अच्छा होगा
प्रभु की कृपा से ही सब होगा

प्रभु की कृपा से गूंगे बोले
प्रभु की कृपा से धरती डोले
धरती में जो पल पल होगा
जो भी होगा, अच्छा होगा ।।

प्रभु की कृपा से ही सब होगा
जो भी होगा, अच्छा होगा ।

तेरी माया... तू ही जाने...,
हम तो भगवन तुझको माने।
तू ही साथी सच्चा होगा,
जो भी होगा अच्छा होगा ।।

प्रभु की कृपा से ही सब होगा।
जो भी होगा अच्छा होगा।।

पाप पुण्य का लेखा जोखा,
कितनी तपस्या कितना धोखा।
कुछ ना झूठा सच्चा होगा,
जो भी होगा अच्छा होगा।।

प्रभु की कृपा से ही सब होगा।
जो भी होगा अच्छा होगा।।

जीवन मोती जैसा छूटा,
कोई खुश तो कोई रूठा,
सारा बंधन कच्चा होगा ।
जो भी होगा अच्छा होगा।।

प्रभु की कृपा से ही सब होगा।
जो भी होगा अच्छा होगा।।

भजन - 4

तुम्हारे चरण में भगवन,
बस इक अपना ठिकाना है ।
हमारी रसना प्यासी है,
भजन तेरा ही गाना है।।

चले आओ चले आओ, प्रभु नैनों में बस जाओ,
तुम्हारा दर्श पाने को, हमारा दिल दीवाना है ।

हमारी रसना प्यासी है,
भजन तेरा ही गाना है।।

कि जैसे दौड़ भागे थे ,सुदामा दीन की खातिर,
तुम्हें आना पड़ेगा फिर, तुम्हें रिश्ता निभाना है ।

हमारी रसना प्यासी है,
भजन तेरा ही गाना है।।

प्रीत में जो भी दे दो तुम,
प्रीत में जो भी ले लो तुम,

हमारे हक में जो भी हो,
हमें तुमसे ही पाना है ।
हमारी रसना प्यासी है,
भजन तेरा ही गाना है।।

तुम्हारे चरण में भगवन
बस इक अपना ठिकाना है।
हमारी रसना प्यासी है,
भजन तेरा ही गाना है।।

भजन - 5

भला किए जा भला किए जा,
नहीं अगर कर पाएगा।
फिर पीछे पछतायेगा,
फिर पीछे पछतायेगा।।

भाग रहा तू समय के पीछे,
समय भी तुझसे भाग रहा,
तेरा सुख सोया है कहीं पर,
और तू दुख से जाग रहा,
हानि लाभ के चक्कर में तू,
यूं ही पड़ा रह जाएगा ।
फिर पीछे पछतायेगा,
फिर पीछे पछताएगा

तेरी तृष्णा तुझको जाने,
कौन सा दिन दिखलाएगी,
तेरी-मेरी मेरी-तेरी,
यही रार ठनवाएगी,
प्रीत निभा ले सबसे बंदे,
कुछ भी संग न जाएगा ।
फिर पीछे पछतायेगा,
फिर पीछे पछताएगा

मेरी कलम मेरे गीत-३

आराधना

डॉ. शिराली रूनवाल

ग्वालियर

1

भारत माँ की गोद में खेलें, कल-कल करती नदियाँ
पूर्वोत्तर में अडिग हिमालय, बीत गई सौ सदियाँ
सागर नित-नित चरण पखारे, मलय पवन दे ताली,
हिन्दू-मुस्लिम-सिख-ईसाई -इस उपवन के माली
जन्नत का तू बाग़, गुले - गुलज़ार चमन
हे जन-गण की जननी, शत्-शत् तुझे नमन!
शत्-शत् तुझे नमन!!

अंतरिक्ष में मंगल तक मुड़ गए क़दम कब
आकाश-कुसुम वो चाँद लगे निज हमदम अब
वैज्ञानिक प्रगति ने बदली दशा-दिशा ही देश की
'डिजिटल इंडिया' ने देखो नई मिसालें पेश कीं।
शांतिदूत बनकर जग में, हम लाएं अमन
हे जन-गण की जननी, शत्-शत् तुझे नमन!
शत्- शत् तुझे नमन!!

'आयुष्मान योजना' देती निर्धन को नि:शुल्क इलाज,
कृषि कर्मण नवाचारों से सहज सुलभ हो गया अनाज
"कोरोना" टीकाकरण पर हर भारतवासी को नाज़,
नापाक़ हरकतों से दुर्दांत आतंकी भी आए बाज़।

लोक-हितकारी शासन का, स्वागतम, शुभागमन
हे जन-गण की जननी, शत्-शत् तुझे नमन!
शत्- शत् तुझे नमन!!

केसरिया कश्मीर रंगा श्वेत-हरा अविभाज्य
नगर अयोध्या आन बसा प्रभुराम का राज्य
अशोक चक्र चलता चले उन्नति के पथ पर
अर्जुन को सन्मार्ग दिखाए सत्य - सारथी रथ पर।
खुलें सभी पट-चौखट, न हो दलित-दमन
हे जन-गण की जननी, शत्-शत् तुझे नमन!
शत्-शत् तुझे नमन!!

कुंज-कुंज में खिलें कमल, बन-बन नाचे मोर
गाँव-गाँव बरगद की छाँव विकसित अंतिम छोर
सेना बाघ के नख-सी 'वन्देमातरम्' नारा
'जयहिन्द' का उद्घोष है प्रेरणा-स्रोत हमारा।
कभी ना बिसरूं नाम तिहारा, सोते सुमिरन सुबह आचमन
जन-गण की जननी, शत्-शत् तुझे नमन!
शत्-शत् तुझे नमन!!

आज़ादी के अमृत-घट से घूँट सुधा का
पीकर लें आशीष प्रसूता भारत माँ का
भुला न देना वीरों की अद्भुत कुर्बानी
'जां' पे खेलकर दे गए जो अमिट निशानी।
'अमरजवांज्योति' का शाश्वत प्रज्ज्वलन...
हे जन-गण की जननी, शत्-शत् तुझे नमन!
शत्- शत् तुझे नमन!!

2

शुभ घड़ी, अमृतबेला में
ख़ुशियों का शुभ आगमन...
हे देश नमन, हे देश नमन!

प्रयागराज में खिली कली है,
काशी ने करवट बदली है
काश्मीर की केसर महकी,
अवधपुरी की चिड़िया चहकी
चहुँ ओर सुख-चैन, अमन
हे देश नमन, हे देश नमन!

प्राकृतिक खेती के लाभ
कस्तूरी ज्यों मृग के नाभ,
जल-संरक्षण-- एक मिशन
डेढ़ अरब टीका-करण,
दहशत का पुरज़ोर दमन
हे देश नमन, हे देश नमन!

हितकर लोक-पाल का बिल
'डिजी-इंडिया' की वो स्किल,

"आयुष्मान" हो भावी भारत
इसरो ने भी पाई महारत,
धरती पर आ बसा चमन
हे देश नमन, हे देश नमन!

'स्टैच्यू ऑफ़ यूनिटी' स्ट्रॉग
वन्दे मातरम नेशनल सॉन्ग,
जन-गण का उद्घोष अमर हो
तीन रंग से रंगी डगर हो,
सरहद पर अर्पण हो तन...
हे देश नमन, हे देश नमन!

3

हे देश, राष्ट्र, ऐ मुल्क वतन
न्योछावर तुझ पर तन-मन!!!

सवा अरब जन-गण का धन
संदल सुरभित मलय पवन
गंगा, यमुना, सरस्वती का
प्रयागराज में पुण्य मिलन
न्योछावर तुझ पर तन-मन!!!

लौहपुरुष की प्रांजल प्रतिमा
चूम रही उत्ताल गगन
कोविड वैक्सीनेशन की हर
लाभार्थी को लगी लगन
बिना शिकन और बिना थकन
न्योछावर तुझ पर तन-मन!!!

दुनिया की अनमोल विरासत
सहेज रहा वर्षों से भारत
पर्यटन के मानचित्र पर
उकर रही एक नई इबारत

होकर के इतिहास मगन
न्योछावर तुझ पर तन-मन!!!

अंतरिक्ष में इसरो ने अब
मंगल तक है पहुँच बढ़ाई
चाँद उतारा अपने अंगना
तारों से की चौक पुराई
उगले प्रक्षेपास्त्र अगन
न्योछावर तुझ पर तन-मन!!!

आयुष्मान भारत का ड्रीम
या ख्वाब इंडिया डिजिटल
पी. एम. केयर्स फण्ड फले
पेंशन का भी प्लान अटल
हवियों से परिपूर्ण हवन
न्योछावर तुझ पर तन-मन!!!

प्रधानमंत्री आवास योजना
मूर्त करे निज घर का सपना
नल से जल का स्वच्छ प्रकल्प
लेगा बस कुछ वक़्त ही अल्प
जन्नत को ज्यों बाग़ चमन
न्योछावर तुझ पर तन-मन!!!

आन- बान व शान हिन्द की
तहज़ीबें मुल्तान सिंध की
खड़ा हिमालय प्रहरी बनकर
पूर्वोत्तर की शीत सहनकर
केसर से गम के उपवन
न्योछावर तुझ पर तन-मन!!!

आज़ादी का अमृत वर्ष
विषमताओं पर करे विमर्श
हर्षोल्लास उमंगों के संग
लोकतंत्र का हो उत्कर्ष
चहुँ दिशा में छाए अमन
न्योछावर तुझ पर तन-मन!!!

4

माँ भारती की जय गाथा शुरू से सदा सँवरती है
हिन्द देश की मीठी बोली कानों में रस भरती है
देश में लागू शिक्षा नीति संतापों को हरती है
शिक्षण की ये नई पद्धति बिलकुल नहीं अखरती है!
उड़ान हौसलों से होती है, न पंछी के पाँख से
सपने वही सच होते हैं जो दिखते खुली आँख से!!

बैकफुट पर पड़ गए हैं चॉकलेट, कैंडी, लॉलीपॉप
बच्चों के हाथों में दिखते टैबलेट या फिर लैपटॉप
स्त्रीशक्ति भी आर्म्डफ़ोर्स को कर रही है ज्वॉइन
दोनों साइड हेड्स ही होंगे टॉस के उछाले कॉइन!
उड़ान हौसलों से होती है, न पंछी के पाँख से
सपने वही सच होते है जो दिखते खुली आँख से!!

अर्थतंत्र में मूल सुधार बना विकास का आधार
जनता ने भी इसी बहाने जाने जन-जन के अधिकार
हितकर कृषि करों से पहुँचे लाभ किसानों को
समझ सके तो बेहतर होगा शासन के प्रावधानों को!
उड़ान हौसलों से होती है, न पंछी के पाँख से
सपने वही सच होते हैं जो दिखते खुली आँख से!!

बदली-बदली आधुनिक सी छवि ये हिंदुस्तान की
किन्तु जीवित वही विरासत आन-बान और शान की
चलो सहेजें लुप्त धरोहर कला, संस्कृति शिक्षा की
भूख कभी न मिटे दोस्तों ज्ञान सुधा की भिक्षा की!
उड़ान हौसलों से होती है, न पंछी के पाँख से
सपने वही सच होते हैं जो दिखते खुली आँख से!!

रंग केसरी शक्ति शौर्य शस्य-श्यामला हरी धरा
चक्र खरा श्वेत शांति का संदेश शाश्वत प्रगति चक्र खरा
जन-गण-मन का यशोगान भर देता तन स्फूर्ति से
वात्सल्य रस की लोरी फूटे भारत माँ की मूर्ति से!
उड़ान हौसलों से होती है, न पंछी के पाँख से
सपने वही सच होते हैं जो दिखते खुली आँख से!!

मेरी कलम मेरे गीत-३

आराधना

मुन्नीलाल शर्मा
ग्वालियर

1

अंग्रेज़ गए शासन बदले, अधिकारी सारे बदल गए
हम सब तो थे भारतवासी, बतलाओ कैसे बदल गए?

दु:खी धरणी को देख गगन का दिल भर आता था
सुनकर बोल पपीहा के बादल जल बरसाता था
सावन के झूलों पर बहनें कज़री मल्हार गाती थीं
संदेशा मदभरी हवाएं प्रियतम तक ले जाती थीं
हवा कौन सी चली ये जिससे वातावरण वो रहा नहीं
प्रीति-रीति बदली सारी, मन-भावन कैसे बदल गए?
हम सब तो थे भारतवासी, बतलाओ कैसे बदल गए?

एक बहेलिये वाल्मीकि ने ही रामायण कह डाली
कर्म-योग है श्रेष्ठ जगत में बस गीता भी रच डाली
वेद पुराण उपनिषद ये सारे धर्मध्वजा फहराते
कहें भागवत लाखों लेकर घर-घर अलख जलाते
जब धर्म रो रहा खाई में मंदिर-मस्जिद बेमानी
बाबा बदले बाई बदली, वृन्दावन कैसे बदल गए?
हम सब तो थे भारतवासी, बतलाओ कैसे बदल गए?

हिंसा नंगा नाच नचा रही, अत्याचारों की आंधी
कैसे न्याय मिलेगा तुमको? जब मुंसिफ ही अपराधी
पंच नहीं अब परमेश्वर, यहाँ पक्ष-पात की बोली
भाई-भाई अब खेल रहे, आपस में खून की होली
लोकतंत्र की चौराहों पर हो रही फजीयत भाई
"बेहोश" रिश्ते बचे नाम के तन-मन कैसे बदल गए?
हम सब तो थे भारतवासी, बतलाओ कैसे बदल गए?

2

चमन को ढूँढने वालों को चमन क्यों न मिलेगा!
वतन पर मरने वालों को कफ़न क्यों न मिलेगा!!

मिली गरीबी हमें मगर ये तो कोई जुर्म नहीं है!
जीते हैं इस तरह से हम इसमें कोई शर्म नहीं है!!
हम जैसे गरीबों को कभी सदन क्यों न मिलेगा!
वतन पर मरने वालों को कफ़न क्यों न मिलेगा!!

चमन को सींचा हमने भी यहाँ अपना लहू बहाकर!
शहीद हुए मेरे जैसे कई यहाँ अपना खून गिराकर!!

हमारे जज़्बातों को पढ़ने वाला कथन क्यों न मिलेगा!
वतन पर मरने वालों को कफ़न क्यों न मिलेगा!!

पूजते हैं हम भी वतन को प्यार से हर एक दिन!
जन्मसिद्ध हक़ है ये हमारा, हमसे तू ये न छीन!!

वतन के रखवालों को नमन क्यों न मिलेगा!
वतन पर मरने वालों को कफ़न क्यों न मिलेगा!!

"बेहोश" तूने जनम लिया है इस जान से प्यारे भारत में!
खाया-पिया है पला-बढ़ा है तू इस मिट्टी की ताक़त से!!

अंतिम सफर में तुझको अपने, अमन क्यों न मिलेगा!
वतन पर मरने वालों को, कफ़न क्यों न मिलेगा!!

3

कई गाड़ियों पर लिखा हुआ है 'मेरा देश महान'!
उन्हीं गाड़ियों में लूटते देखा है नारी का सम्मान!!

गाँधी ने जनता का सोचा, जनता ने क्या सोचा
वल्लभभाई के टुकड़ों पर अपने मुल्क को नोचा
सोने की सारी चिड़ियाँ उड़ गयीं, बाग़ हुए वीरान
कई गाड़ियों पर लिखा हुआ है 'मेरा देश महान'...!

भारत की जनता ने हरदम साथ में चलकर देखा
पाँच-पाँच सालों में अपने रुख को बदलकर देखा
जो आया उसने कर डाला, मेरे भारत का कल्याण
कई गाड़ियों पर लिखा हुआ है 'मेरा देश महान'...!

क्या समझायें तुमको अब हम कैसे होंठों को खोलें
भूखी माँ फुटपाथ पर देखी भूखे बच्चे क्या बोले
थाम के अपनी माँ का पल्लू जब पूछेगी संतान
कई गाड़ियों पर लिखा हुआ है 'मेरा देश महान'...!

निशिदिन कांड हुआ करते हैं इस पावन धरती पर
सामूहिक परिवार मर रहे ज़हर का प्याला पी-पीकर

फिर भी इस हालत से दिल्ली क्यूँ अब तक है अंजान
कई गाड़ियों पर लिखा हुआ है 'मेरा देश महान'...!

रेलगाड़ियाँ उड़ती देखीं रक्षक बंगलों में सोते हैं
इस धरती पर प्लेन भी देखो हाईजैक कैसे होते हैं
बाबाओं के भेष में देखो, देश में फ़ैल रहे शैतान
कई गाड़ियों पर लिखा हुआ है 'मेरा देश महान'...!

संसद से बढ़कर दंगों में अब शोर-शराबा क्या होगा
खींचा-तानी हो रही इस तरह, "बेहोश" देश का क्या होगा
सवा अरब की आबादी में क्या निकलेगा कोई बलवान
कई गाड़ियों पर लिखा हुआ है 'मेरा देश महान'...!

4

चलते-चलते थकित हुआ मन शांत भई जीवन की हलचल
संध्या समय नहीं है लेकिन देखो सूरज डूब रहा है
मिला नहीं है लक्ष्य अभी पर जीवन से ज्ञान ऊब रहा है
काजल नहीं मगर आँखों से दिख रही घटा काली पल-पल!!!

झूठ नाचता है सर चढ़कर सच बलवों में उलझ गया है
हार गया है पोथी पढ़-पढ़ अरमानों में झुलस गया है
कौन सुनेगा यहाँ तेरी निष्ठा, हुआ प्रदूषित अब गंगाजल!!!

एक तरफ है सूरा-सुंदरी मोह रही नित मानव का मन
पड़ा वहीं पर एक अकिंचन विकल वेदना से प्रतिपन
पिघल-पिघलकर अरमानों के निकल रहे आँखों से अविरल!!!

आज आचरण हर प्राणी का, साथ आवरण बदल गया है
भाई-बहन, पिता-पुत्रों के रिश्तों में हो खलल गया है
अधनंगी मर्यादा घूमे दिखाकर अपना वक्षस्थल!!!

मर्यादा की बात नहीं कुछ अवसुख की मारामारी है
महल- दुमहले, धन और दौलत अब हर दिल की बीमारी है
"बेहोश" बेखिसकले अब चुप कैसे तू है, स्वार्थ भरा ये पूरा भूतल
चलते-चलते थकित हुआ मन शांत भई जीवन की हलचल!!!

5

महक गुलाबों सी होती थी जिसके कभी पसीने में
बिलख रही है भारत माता ज़ख्म छुपाये सीने में
प्राण गंवाए दीवानों ने जिस माँ की लाज बचाने में
आज लगे उसके ही बेटे उस माँ का नाम डुबोने में!!

हिंसा नंगा नाच नचा रही जिनके एक इशारे पर
बाप की इज्ज़त लूटती देखी उनके ही द्वारे पर
खादी पर हैं खूनी धब्बे अब मुश्किल हो रही जीने में
बिलख रही है भारत माता ज़ख्म छुपाये सीने में!!

काले भी गोरे हो जाते खादी के वस्त्र पहन करके
पाप सफेदी में सब अब धोते, अघा रहे नहीं घर भर के
जनता ने सेवक चुन भेजा वो लग गया भ्रष्ट दफ़ीने में
बिलख रही है भारत माता ज़ख्म छुपाये सीने में!!

पढ़े-लिखे एक देशभक्त को जनता नहीं चुन पाती है
चंद कौड़ियों और पउए में ये जनता भी बिक जाती है
एक से एक धुरंधर डाकू नेता बन लगा है पीने में
बिलख रही है भारतमाता ज़ख्म छुपाये सीने में!!

महाराणा को कहें भगोड़ा, गोविन्द को लूटेरा कह डाला
आज़ाद, भगत को आतंकी कह नैतिकता पर डाका डाला
सुन लेती है जनता कुछ भी तो नेता लगे सुनाने में
बिलख रही है भारत माता ज़ख्म छुपाये सीने में!!

ऊपर से नीचे तक देखो कितने काले धन्धे हैं
लूट रहे अपने ही देश को क्या वो बन्दे अंधे हैं
अपनी सारी शक्ति लगा दो इंकलाबी सीने में
बिलख रही है भारत माता ज़ख्म छुपाये सीने में!!

मत भूलो मत देने वाली नैतिक ज़िम्मेदारी है
भ्रष्ट प्रतिनिधि चुनना भारत माँ के संग गद्दारी है
होश में आ! क्या होगा छुपकर "बेहोश" तेरे जीने में
बिलख रही है भारत-माता ज़ख्म छुपाये सीने में!!

मेरी कलम मेरे गीत-३

आराधना

पल्लवी काळे

पुणे

1

भारत को हमने अपनी माँ है माना, पूछे कोई तो उन्हें बताना
जो कर ना पाए कोई, वो करते हैं हम पूरे जोश में है ये जवानी
हक से कह दो -हम हिन्दुस्तानी, हम हिन्दुस्तानी...!!!

जश्न आजादी का मनाने, तिरंगे को फिर से लहराने
नीले आसमान में परिंदों को फिर से भरने दो उड़ाने
लहू पानी सा था बहाया, हँसते-हँसते सूली पर चढ़े हैं
आजादी की ख़ातिर देखो माँ के कितने वीर लड़े हैं
देने आये हैं उन्हें यहाँ पर इक्कीस तोपों की सलामी
हक से कह दो -हम हिन्दुस्तानी, हम हिन्दुस्तानी...!!!

शान भी है और मान भी है हमको पूरा सम्मान भी है
हिंदुस्तानी हैं हम! इसका हमको पूरा अभिमान भी है
वतन की खातिर मर-मिटने वाले अब मिलते ही कहाँ हैं
पर संताने भारत माँ की हाज़िर हाथ में लेकर जान भी हैं
हल्के में लेकर कोई हमें, ना अब कर बैठे नादानी
हक से कह दो -हम हिन्दुस्तानी, हम हिन्दुस्तानी...!!!

2

देश ये मेरा उन दिल वालों से है
देश ये मेरा शहीद मत वालों से है
देश को अपनी माँ कहने वालों से है
देश ये मेरा चाहने वालों से है.....!!!

सुनो सरहद पर लड़ने वाले वीर जवानों
सुनो खेत को जोतने वाले सभी किसानों
खेलने वाले सुनो देश के सभी खिलाड़ी
देश की खातिर जीने वाली सभी सन्तानों
हर धर्म से, सत्यकर्म से, संस्कारों से है..!!!

देश के हर घर में लहरायें आओ तिरंगा
उड़ने दो उसको वो भी है आज़ाद परिंदा
नदियाँ, समंदर, हर रंग से, फितूर से
हिन्दुस्तानी होने के प्रचंड इस गुरुर से
'वसुधैव कुटुम्बकम्' वाले विचारों से है...!!!

3

जब-जब तिरंगा लहराएगा, हर शहीद मुस्कुराएगा,
फिर देश का बेटा आएगा, फिर देश का बेटा आएगा

जब सरहद पर खून से लथपथ, सीना ताने वो बंदूक उठाएगा
सूरज भी सलामी देने, थोड़ा सा झुक जाएगा।
फिर देश का बेटा आएगा, फिर देश का बेटा आएगा...!!

धरती का सपूत कभी ना मिट्टी में मिल पाएगा
अजर-अमर है वो तो तिरंगे सा लहराएगा
फिर देश का बेटा आएगा, फिर देश का बेटा आएगा...!!

अपनी माँ की कोख कोई सुनी ना कर पाएगा
हर बार नए नाम और पहचान संग, वो दुश्मन से भिड़ जाएगा
फिर देश का बेटा आएगा, फिर देश का बेटा आएगा...!!

हँसते-हँसते देश की खातिर मर-मिट वो भी जायेगा
और तिरंगे में लिपटकर घर वो लौटकर आएगा
फिर देश का बेटा आएगा फिर देश का बेटा आएगा...!!

लेकिन इस दुनियाँ से कभी ना, नाम उसका मिट पाएगा
तब हर शहीद मुस्कुराएगा, फिर शान से तिरंगा लहराएगा
फिर देश का बेटा आएगा, फिर देश का बेटा आएगा...!!

4

भोलेनाथ-भोलेनाथ, शंभूनाथ-शंभूनाथ!
तुम ही हो ब्रह्माण्ड के स्वामी, तुम ही विश्वनाथ!!

हे नीलकंठ हे भस्मधारी, जटाओं में है गंगा तुम्हारी
त्रिशूलधारी तुम ही जानो, शरण में आये है तुम्हारी
भक्ति में तेरी खोये रहें, चाहे बीत जाये उम्र ये सारी
भक्तिरस में डूबे हैं तेरे भक्तों के जज़्बात!
भोलेनाथ-भोलेनाथ, शंभूनाथ-शंभूनाथ!!

बेलपत्र हैं तुमको प्यारे, चढ़ाने आये हैं हम भक्त सारे
नंदी जी वाहन तुम्हारे, भक्तजनों को वो लगते हैं प्यारे
छिपा न तुमसे कष्ट किसी का, चल रहे सब तेरे सहारे
भक्तों के सर पर सदा है तेरा हाथ!
भोलेनाथ-भोलेनाथ, शंभूनाथ-शंभूनाथ!!

मेरी कलम मेरे गीत-३

आराधना

शाहीन ख़ान

ग्वालियर

1

मैं एक ऐसा वीर जवान हूँ, जो रहता हमेशा सरहद पार हूँ!
माँ की ममता, दुलार पिता का और सजनी का मैं प्यार हूँ!!

देश की रक्षा करता हूँ मैं रहकर आठों प्रहर यहाँ
भेज के राखी ये कहती बहना, मैं उसका इंतज़ार हूँ
कैसे उस नादान को मनाऊँ और कैसे ये समझाऊँ
इस देश की सारी बहनों की मैं रक्षा का सूत्रधार हूँ
माँ की ममता, दुलार पिता का, और सजनी का मैं प्यार हूँ!!!

तपती धूप में तुम छाँव ढूँढ़ते, रात को सुकून से सोते
हर मौसम में उस सीमा पर मैं चौकस हूँ, तैयार हूँ
लाल जोड़े में सजी ये दुल्हन, ओढ़ न ले जवानी में कफ़न
उम्मीद की किरण हूँ मैं उसकी, मैं ही ज़िम्मेदार हूँ
माँ की ममता, दुलार पिता का, और सजनी का मैं प्यार हूँ!!!

शहर में दंगे, फसाद हों या सरहद पर छिड़ जाये लड़ाई
घरवालों को हर दम ये लगता कोई अनहोनी न दे सुनाई
स्याह घनेरी रातों के बाद मैं आने वाली सुनहरी बयार हूँ
सजग सिपाही हूँ मैं देश का, दुश्मन के लिए ललकार हूँ
माँ की ममता, दुलार पिता का, और सजनी का मैं प्यार हूँ!!!

2

देश हमारा अमर रहेगा, ऐसा है वरदान
प्रेम-भाव से ही तो बना है मेरा हिन्दुस्तान
धरती सुनहरी, नील गगन है, अम्बर है आसमान
प्यारा हिन्दुस्तान, मेरा प्यारा हिन्दुस्तान...!!

हिन्दू नहीं कोई मुस्लिम नहीं सब हैं एक समान
सत्य अहिंसा पर चलता है इस देश का हर इंसान
प्यारा हिन्दुस्तान, मेरा प्यारा हिन्दुस्तान...!!

तीन स्तंभ हैं देश के मेरे, और तीनों ही हैं महान
-जय जवान, और जय किसान के साथ जय विज्ञान
प्यारा हिन्दुस्तान, मेरा प्यारा हिन्दुस्तान

रक्षा करें जो वीर सरहद पर, है उनका भी एहसान
माथे अपने देश की माटी, उस पर न्योछावर है जान
प्यारा हिन्दुस्तान, मेरा प्यारा हिन्दुस्तान...!!

मंदिर, मस्जिद, गुरुद्वारा या चर्च सब हैं एक समान
तीन रंगों ने जोड़ रखी है- 'तिरंगा' देश की है पहचान
प्यारा हिन्दुस्तान, मेरा प्यारा हिन्दुस्तान...!!

3

ये वो तिरंगा प्यारा है जिसने हमें सँवारा है!
कुर्बान होकर वीरों ने इस पर जीवन वारा है!!

क्या हिन्दू क्या मुस्लिम है, हम सब नहीं पराये हैं
कोई धर्म नहीं अलग सब, एक ही रब ने बनाये हैं
हम भी हैं इस देश के वासी, और ये देश हमारा है
ये वो तिरंगा प्यारा है ...!!!

आज़ादी का चाँद खिला है अब इसको ना डूबने देंगे हम
इसने हमको पहचान है दी, झुकने कभी इसे ना देंगे हम
अपमान इसका करे जो कोई, ये हमको नहीं गंवारा है
ये वो तिरंगा प्यारा है ...!!!

जब तक है जां मेरे तन में, घुस ना सकेगा कोई वतन में
लहरायें तिरंगा घर-घर में हम, खिलते रहेंगे फूल चमन में
भारत माता की जय बोलें, अब यही हमारा नारा है
ये वो तिरंगा प्यारा है ...!!!

शाहीन इस पर हुई समर्पित, मुझको इसने पहचान है दी
देश दिया, दी आज़ादी, और एक बुलन्दी की शान है दी
विश्व पटल पर चमकेगा वो कोहिनूर सा सितारा है
ये वो तिरंगा प्यारा है ...!!!

4

कान्हा ओ मोरे कान्हा, अपनी बंसी की धुन मुझे भी सुनाना!
अरज़ करे ये भक्त तुम्हारी, क्या कलयुग में भी होगा आना!!

प्रीत जो थारी सच्ची है तो मुझ पर भी ये उपकार हो
मीरा जैसी हूँ मैं दीवानी, अब ये जीवन मेरा तार दो
तुझको देखूँ सुध-बुध खो दूँ, क्या खोना क्या पाना
कान्हा ओ मोरे कान्हा!!

रास रचैया, बंसी बजैय्या! गोपियों संग लीला दिखैया
बात-बात में तू लाड जताये, मुस्कुराये यशोदा मैय्या
मैय्या यशोदा को मनाने कान्हा गाए तू भी गाना
कान्हा ओ मोरे कान्हा!!

भोर हुए और माखन चोरी, कहती है गोकुल की छोरी
वस्त्र हमारे चुरा के लाया, बोले है ये हर ग्वालिन गोरी
देख के लीला तेरी सबने लीलाधर है तुझको माना
कान्हा ओ मोरे कान्हा!!

5

बृज के वासी मैं थारी दासी, रूप है तेरा निराला!
मैंने खेली तेरे संग होली, हाय तूने मोहे रंग डाला!!

बिगड़ी मेरी अब तुम ही बना दो, गुलशन में मेरे अब फूल खिला दो
कहती है दुनिया तुम्हें बाँके बिहारी, जाऊँ तोरे चरण कमल पर वारि
रिश्तों के हर रूप में अपने भक्तों को तुमने सम्हाला!!!

अब तो पार करा दो हमारी नैय्या, सुन लो अरज़ ये कृष्ण कन्हैया
तेरी बंसी की प्यारी धुन पर मैं तो नाचूँ रे जोगन बनकर
भवसागर से मुझे निकालो जैसे मीरा को था निकाला!!!

मेरी कलम मेरे गीत-३

आराधना

तान्या रंजन

फर्रूख़ाबाद

1

आओ सब आइए, मिल भजन गाइए कर लो सेवा।
ओम नमो भगवते वासुदेवा।।

कैलाशपति तुम कहाँ हो?
दर्शन दे दो हमें तुम जहाँ हो।।
शिवजी - गौराजी के संग,
गौराजी - शिवजी के संग कर लो सेवा।।
ओम नमो भगवते वासुदेवा।
आओ सब आइए............!!

क्षीर सागरपति तुम कहाँ हो?
दर्शन दे दो हमें तुम जहाँ हो।।
विष्णुजी - लक्ष्मीजी के संग,
लक्ष्मीजी - विष्णुजी के संग कर लो सेवा।।
ओम नमो भगवते वासुदेवा।
आओ सब आइए............!!

अयोध्यापति तुम कहाँ हो?
दर्शन दे दो हमें तुम जहाँ हो।।
रामजी - सीताजी के संग,

सीताजी - रामजी के संग कर लो सेवा।।
ओम नमो भगवते वासुदेवा।
आओ सब आइए.............!!

2

मईया तेरी आरती से अंधेरा टले
दुर्गे तेरी आरती से अंधेरा टले
भक्त के अंधेरे घर में रोशनी जले
जय-जय भवानी – 2

आरती उतारूं तेरी सुबह-शाम को
पा गई हूँ मईया तेरे सभी धाम को
जो भी कोई आए तेरे प्यार के तले
भक्त के अंधेरे घर में रोशनी जले
जय-जय भवानी – 2

राजा की हवेली हो या निर्धन की झोपड़ी
तेरी ही दया से अम्बे पृथ्वी पर खड़ी
कौन है यहाँ जो तेरा आसरा न ले
भक्त के अंधेरे घर में रोशनी जले
जय-जय भवानी-2

भक्त ने पुकारा तुझे पतित पावनी
अष्टभुजी माता है तू पाप नाशिनी
जो भी कोई आए तेरे शरण में अम्बे
भक्त के अंधेरे घर में रोशनी जले
जय-जय भवानी -2

3

फूल श्रद्धा के चढ़ाने आ गए,
माँ तेरे दर के पुजारी आ गए।।

भूपति हो या भिखारी द्वार पर,
तेरे दर पर एक बराबर हो गए।।
फूल श्रद्धा....

कब तलक भटकेगी नैय्या राह में,
तेरी दया से हम अपने ठिकाने आ गए।।
फूल श्रद्धा.....

कोई दुखिया की यहाँ सुनता नहीं,
माँ सुनेगी हम सुनाने आ गए।।
फूल श्रद्धा के....

4

मेरे भगवन मैं तेरे सहारे से,
मेरी बिगड़ी बना दो इशारे से।।

सहारा तुम्हारा ही मुझे एक प्रभूजी, मेरी नैय्या लगा दो किनारे से,
मेरी नैय्या का कोई खिवैया नहीं है, हूँ मैं बस तेरे ही सहारे से।।
मेरे भगवन ...

मेरी झोली को भर दो दया करके, मैं खाली न जाऊं तेरे द्वारे से,
द्वार पर तेरे अर्ज़ी लगाई भगवन, मेरी कोई सुनता नहीं पुकारे से।।
मेरे भगवन ...

मेरी कलम मेरे गीत-३

आराधना

निशिराज

आगरा

1

तुमको गए मेरे साईं जी कितने बरस हुए!
जिसने पुकारा तुमको तुम साथ उसके हुए!!

जब साथ थे सशरीर तुम, अब साथ हो अशरीर तुम
मैं क्यों ये मानूं, हे प्रभु! तुम साथ मेरे न हुए
तुमको गए मेरे साईं जी .....!!

पहले बसे शिर्डी में तुम, अब हर जगह दिखते हो तुम
अब दिखते हो -हर दीन में, हर दुख में तुम सबके हुए
तुमको गए मेरे साईं जी .....!!

अब क्या कहूँ महिमा तेरी, चारों दिशा चर्चा तेरी
मैं तो भजूँ निशिदिन तुम्हें, ये गीत भी तेरे हुए
तुमको गए मेरे साईं जी .....!!

2

ओ देवा, ओ देवा -गणपति देवा, सबसे पहले हो तेरी सेवा!
देवाधिदेव सुत महादेव जो तुझे ध्याये वो पाए मेवा!!
ओ देवा, ओ देवा ....!!!

रिद्धि के दाता तुम सिद्धि के दाता, तुमको जो पूजे वो हर सुख पाता!
गौरा के लाल तुम हो कमाल,मंगल मूरत हो तुम हमारे देवा!!
ओ देवा, ओ देवा ....!!!

मूषक है वाहन महेश्वर गजानन, शिव के चहेते तुम शुभ गुण कानन!
हृदय विशाल असुरों के काल, मुक्ति के दाता तुम हमारे देवा!!
ओ देवा, ओ देवा ....!!!

विघ्नों का नाश करो, कीर्ति प्रदान करो, हे एकदंत हमें ज्ञान प्रदान करो!
सुख के निधान तुम हो बलवान, विघ्न विनाशक हमारे देवा!!
ओ देवा, ओ देवा ....!!!

3

मुरलिया बजती है वन में,
हूक सी उठती है मन में....!!

खोजत-खोजत नैन दुखे हैं, मोहन मोरे कहाँ छुपे हैं
पल-पल तेरी राह निहारूं, कान्हा मुझसे क्यों रुठे हैं
बाँवरिया बन घूमूं वन मे,
हूक सी उठती है मन में....!!

गलियों में वृंदावन की, बदरी बरसे जब सावन की
मेघा बरसे, घन जब गरजे, बिजली चमके झर लावन की
कोयलिया बन घूमूं वन में,
हूक सी उठती है मन में...!!

4

हे वीणा वादिनी माँ, हे हंस वाहिनी माँ!
मधुर स्वरों का अमृत भर दे शुभ प्रदायिनी माँ!!

हे वागेश्वरी वीणापाणि पद्मलोचना माँ!
मन के तारों को झंकृत कर दे विघ्नविनाशिनी माँ!!

वरदा हमको ज्ञान का वर दे विंध्यविराजिता माँ!
जग ये सारा अलंकृत कर दे ज्ञान प्रदायिनी माँ!!

हे वीणा वादिनी माँ! हे हंसवाहिनी माँ!!

5

हे मर्यादा पुरुषोत्तम, हे धनुर्धारी श्रीराम।
पुन: अवतरण हो! सत्य बिखराओ अभिराम।।

क्यों कलयुग तरसे क्षण-क्षण, पीड़ा की वृष्टि बरसे।
रावण के दस मुख पर क्यों हर्षित निष्ठुरता सरसे।।
उपजाओ फिर मीत-विभीषण, भस्म हो लंका धाम।
पुन: अवतरण हो! सत्य का बिखराओ अभिराम।।

युग परिवर्तन हो किंतु, इतिहास न फिर दोहराए।
आज किसी सीता को फिर से, अग्नि परख न पाए।।
रामराज नहीं चाहें, हर ह्रदय में चाहें राम।
पुन: अवतरण हो! सत्य बिखराओ अभिराम।।

कैकई जैसी माता तो, बस एक ही थी सतयुग में।
लाखों माता बनी कुमाताएँ, लेकिन इस युग में।।
माँ का पावन रिश्ता फिर से, हो न कभी बदनाम।
पुन: अवतरण हो! सत्य बिखराओ अभिराम।।

जब शिला बनी पानी थी, राम का नाम स्वयं पर लिखकर।
जल में भी राह बनी थी, निष्ठा और भक्ति के बल पर।।

पाषाण हृदयों को वैसे ही, पिघलाओ श्रीराम।
पुनः अवतरण हो! सत्य बिखराओ अभिराम।।

प्रेम अटूट बने दृष्टांत, पुनः राम और सीता का।
न वनवास बने संत्रास, पुनः किसी परिणीता का।।
काम-वासना के रावण का, मिटे मूल से नाम।
पुनः अवतरण हो! सत्य बिखराओ अभिराम।।

6

हे कान्हा अब के होली में तुम मुझसे मिलने आ जाना
ब्रजवीथि तुम बिन है सूनी, तुम प्रेम सरस बरसा जाना
हे कान्हा अब के होली में, तुम ....!!!

कजरारे नैनों की राधा काजल लगवाना भूल गई
जब से तुम ने ब्रज बिसराया कलियां बन शूल गईं
अधरों से बहा, बंसी अमृत कण-कण में प्राण जगा जाना
हे कान्हा अब के होली में, तुम ....!!!

रंगों में भी रंग नहीं, रंग ही सारे बेरंग हुए
हे श्याम तुम्हारे बिना, कोई रंग हृदय को कैसे छुए
रंग प्रेम का सबसे सच्चा है, परिभाषा ये समझा जाना
हे कान्हा अब के होली में, तुम ....!!!

माखन मिश्री ना भाए, ना ग्वाल चराएं अब गायें
माँ यशोदा बैठी द्वारे पे, कैसे कान्हा के दर्शन पायें
घुटुअन- घुटुअन, चलते-चलते, पैजन छनकाते आ जाना
हे कान्हा अब के होली में, तुम ....!!!

7

मेरे कान्हा की भोली सुरतिया रे!
हमारी लग जाए ना नजरिया रे ...!!

मोहन माधव कृष्ण मुरारी
श्याम बरन गिरधर बनवारी
ऐसी मधुर बजावै बसुरिया रे
हमारी लग जाए ना नजरिया रे ...!!!

पीत वसन पीतांबर धारी
मोर मुकुट की शोभा न्यारी
सबसे प्यारी यह तोरी मूरतिया रे
हमारी लग जाए ना नजरिया रे ...!!!

यमुना तट पर चीर चुरावै
लूट-लूट दही माखन खावै
ऐसो नटखट ये हमरो सांवरिया रे
हमारी लग जाए ना नजरिया रे ...!!!

8

ब्रज में होरी खेलन आयो नटवर नागर नंदकिशोर
नटवर नंदकिशोर के आयो मोहन माखनचोर...!!

खेलत राधारानी प्यारी, सखियां मारैं भर पिचकारी
पीछे डोलत है गिरधारी, मलिमलि राधा कर दई गई कारी
होssss भागत गोपी संग मतवारै कान्हा माखनचोर
ब्रज में होरी खेलन आयो नटवर नागर नंदकिशोर...!!

श्याम बरन ऐसो है प्यारौ, दूजा रंग चढ़े ना न्यारौ
मन मोहे रंग कारौ-कारौ, सिगरौ ब्रज है ग्यौमत वारौ
होssss रास रचाए राधा माधव नाचत जोरम-जोर
ब्रज में होरी खेलन आयो नटवर नागर नंदकिशोर...!!

1

हिंद की जय दिल हमारा गायेगा,
जब तिरंगा शान से लहराएगा!!

हम हैं हिंदू हमको खुद पर नाज़ है
लोग क्यों जलते हैं हमसे राज़ है
दिन-ब-दिन यह देश बढ़ता जाएगा!!
जब तिरंगा शान से लहराएगा.....

पीठ पीछे जो भी करते वार हैं
वो हैं कायर और उन्हें धिक्कार है
सच ये उनकी तब समझ में आएगा!!
जब तिरंगा शान से लहराएगा.....

मेरे भारत के अनोखे ढंग हैं
प्यार के बिखरे सुनहरे रंग हैं
नाम अपना सबसे ऊपर आएगा!!
जब तिरंगा शान से लहराएगा....

2

प्यार करते हैं हम ए देश की मिट्टी तुझे,
बारहा चूमते हैं हाथ में लेकर तुझे!!

मेरी हर बात हालात तेरे दम से है
ज़िन्दगी पर मेरी हर हाल में हक़ है तुझे
प्यार करते है हम ऐ देश की मिट्टी तुझे
बारहा चूमते हैं हाथ में लेकर तुझे!!

तेरा चैन और सुकूं नगर मेरे अमन से है
दे दिया सर मेरा एक बार में मैंने भी तुझे
प्यार करते हैं हम ए देश की मिट्टी
बारहा चूमते हैं हाथ में लेकर तुझे!!

तुझे हो फरिश्तों की इनायत तेरे हरजर्रे पर
कतरा कतरा तेरा दम के यही दुआ है तुझे
प्यार करते हैं हम ए देश की मिट्टी तुझे
बारहा चूमते हैं हाथ में लेकर तुझे!!

3

मुझे प्यार है अपने देश की पावन मिट्टी से, हिमालय से आती संदली हवाओं से
हाँ मुझे प्यार है उन वेदों से, पुराणों से, हमारे रक्त में समाई उन पवित्र ऋचाओं से
हाँ मुझे प्यार है, मुझे प्यार है, मुझे प्यार है

मुझे प्यार है सीमा पर गूँजती, जयनाद करती हुई देशभक्ति की सदाओं से
खून में नहाए जवानों से, मरते-मरते भी जयहिंद कह जाने वाली उनकी अदाओं से
हाँ मुझे प्यार है, मुझे प्यार है, मुझे प्यार है

मेरे लिए हर दिन वैलेंटाइन्स डे है, प्रेमदिवस है क्योंकि मुझे प्यार है इंसानों से
उनकी भावनाओं से और मानवता के लिए उनमें पलने वाली दुआओं से
हाँ मुझे प्यार है, मुझे प्यार है, मुझे प्यार है

हाँ मुझे प्यार है उस ज़र्रे-ज़र्रे से, जिसमे निर्माण का जज़्बा है, रचना की कूवत है
मुझे प्यार है भविष्य का निर्माण करने वाले बच्चो से उन्हें जन्म देने वाली माँओ से
हाँ मुझे प्यार है, मुझे प्यार है, मुझे प्यार है!

मेरे प्यार का दायरा संकुचित नहीं है ज़रा विस्तृत है मुझे विश्व अपना लगता है
मुझे प्यार है अपने देश का मान रखने वालो से और उनके देश की सीमाओं से
हाँ मुझे प्यार है, मुझे प्यार है, मुझे प्यार है

4

ऐ मेरे वतन, वतन मेरे वतन
है निराला दुनिया में मेरा चमन
भांति-भांति खुशबुओं के हैं सुमन
दासता की हमको भाए ना चुभन!!!
ऐ मेरे वतन, वतन मेरे वतन.......

कितनी भी गिराए कोई बिजलियां
कितनी भी निभाये कोई दुश्मनी
देश की हिफाजतों के वास्ते
ये लड़ाई दुश्मनों से है ठनी!!!
ऐ मेरे वतन, वतन मेरे वतन.......

मुश्किलों के दौर में भी ख़ुशनुमाँ
हम हैं भारतीय सभी से जुदा
अपनी सरज़मीं पे हमको नाज़ है
हिंद के निवासी हमको है गुगान!!!
ऐ मेरे वतन, वतन मेरे वतन.......

5

तुम नील समंदर हो! खुद को लहरों सा कल-कल लहराओ
ना रहे बनावट कोई भी उन्मुक्त सलिल बन बह जाओ
तुम नील समंदर हो खुद को लहरों सा कल-कल लहराओ!!

भावों के श्वेत फेन से तुम ढक दो भवर जंजालों के
कठिनाई के तूफानों को रेतीले तट सा सहजाओ
तुम नील समंदर हो खुद को लहरों सा कल-कल लहराओ!!

पादप बनकर गहराई में तुम हरे-हरे शैवालों संग
मोहित करके मीनों को, बस जल मानस में ही रह जाओ
तुम नील समंदर हो खुद को लहरों सा कल-कल लहराओ!!

ना थाह तुम्हारी हो कोई, ना सीमा नाप सके कोई
पर रामसेतु निर्माण हेतु तुम अहम त्याग कर ढह जाओ
तुम नील समंदर हो खुद को लहरों सा कल-कल लहराओ!!

कितने ही ज्वार भले आएं मर्मांतक को विचलित कर दें
किंतु हे नीर निधि तुम ये सब सहलोगे यह कह जाओ
तुम नील समंदर हो खुद को लहरों सा कल-कल लहराओ!!

मेरी कलम मेरे गीत-३

आराधना

अनिल गुप्ता "ग्वालियरी"

ग्वालियर

भजन - 1

लम्बोदर-विघ्न विनाशक , धूमकेतु- गणाध्यक्ष-भालचन्द
गजानन- गणेश - विनायक,
अति शुभकारी- आनन्दकारी, शिव-गौरी के बालक
जय हो शुभ फलदायक!!

बुद्धि प्रदाता, प्रथम पूजनीय स्वामी सुन्दर तन-मन के
समृद्धि सुख देने वाले, प्रभुजी तुम तो जन-जन के
है दयालु है कृपालु, सब जन हैं तेरे चाहक
शिव-गौरी के बालक जय हो शुभ फलदायक!!

माता-पिता से बढ़कर जग में, नहीं है कोई दूजा
इसी भाव से परिक्रमा करके, आपने उनको पूजा
माता-पिता दिल जीता, हुए प्रथम पूज्य विनायक
शिव-गौरी के बालक जय हो शुभ फलदायक!!

छोटा-बड़ा सब तेरे द्वारे हैं, गजानन एक समान
मिलती कृपा उसे प्रभु कृपालु, जो पुकारे तेरा नाम
मंगलकारी बुद्धि-बल के दाता, गणेश मूषक वाहक
शिव-गौरी के बालक जय हो शुभ फलदायक!!

"अनिल" घर-द्वारे मूरत प्रभु तेरी, विघ्न हटा देती सारे
कोई भी शुभकाम हो पहले, प्रभु तेरा नाम जाए पुकारे
नैया पार लगाते सबकी, शुभ के प्रभु संचालक
शिव-गौरी के बालक जय हो शुभ फलदायक!!

भजन - 2

शुभदायक-सुखदायक गणपति, तेरी जय-जयकार
कृपा बनाये रखना हम पर, करना प्रभु उपकार
शुभदायक-सुखदायक गणपति!!!

सिद्धि विनायक - मूषक वाहक एकदन्त ओ चतुर्भुजी
पार्वती-सुत गजानन, हमको देना तू सन्मति
हमारी मन-बुद्धि से हरना कलुषित - विषमय खार
शुभदायक-सुखदायक गणपति!!!

मधुर-मनोहर रूप तुम्हारा, सबके ही मन को भाता
तेरे जैसा सुत पाने की इच्छा रखती है हर माता
मेरी मुरादें पूरी करना प्रेम के आधार
शुभदायक-सुखदायक गणपति!!!

विघ्न विनाशक रूप तिहारा, निर्बल का है बड़ा सहारा
गणपति बप्पा, मंगलमूर्ति तुम ही हो अमृतधारा
मेरे (अनिल) संकट दूर करो प्रभु कर दो बेड़ा पार
शुभदायक-सुखदायक गणपति!!!

भजन - 3

हमें माँ के दरश मिले थे हमें माँ के दरश मिलेंगे
काँटा न रहेगा एक भी, जीवन में सुमन खिलेंगे

माँ की गोद है बड़ी विशाल, लेती सबको वो संभाल
सारे बच्चे प्रेम हैं पाते, कोई दुखी हो या कंगाल
दरबार में आकर उसके, सारे दुख सुख में बदलेंगे
हमें माँ के दरश मिले थे हमें माँ के दरश मिलेंगे..!!

राह के काँटों को न देख, पैर के छालों को न देख
स्वर्ग (पहुँच) के ये दरवाज़े है, तू माँ के दरबार को देख
दर्शन से कष्ट तुम्हारे एक पल में दूर हटेंगे
हमें माँ के दरश मिले थे हमें माँ के दरश मिलेंगे..!!

"अनिल" शक्ति दायनी माता है वो पाप-हारणी माता है
कल्याण सभी का करती वो वरदान-दायनी माता है
जिसको माँ की कृपा मिलेगी, खुशियों के दीप जलेंगे
हमें माँ के दरश मिले थे हमें माँ के दरश मिलेंगे..!!

भजन - 4

राम को पुकार ले, जीवन संवार ले
नहीं तो रह जायेगा, मझधार में
राम को पुकार ले, जीवन ...!!

मन उससे जोड़ ले, मोह से मुख मोड़ ले
मिलेगा प्रकाश तुझे, अंधकार छोड़ दे
स्वयं को तू छोड़, प्रभु द्वार में
नहीं तो रह जायेगा मझधार में
राम को पुकार ले, जीवन ...!!

कण-कण में है वही, संतों ने है कही
भज ले मन से उसे, देगा वो राह सही
देख उसे अंसुअन की धार में
नहीं तो रह जायेगा मझधार में
राम को पुकार ले, जीवन ...!!

“अनिल” तेरे वो पास है एक वही आस है
पलकें झुका के देख, हृदय में निवास है
अभी से जुड़ जा प्रभु के प्यार में
नहीं तो रह जायेगा मझधार में
राम को पुकार ले, जीवन ...!!

भजन - 5

जय गंगा माता, जय-जय गंगा माता!
जय गंगा माता, जय-जय गंगा माता!!

पतित-पावनी, मुक्ति-दायनी, शीतल शांति-प्रदायनी
शक्ति-दायनी, तृप्ति दायनी, ओ माँ जीवन-दायनी
सुर-मुनि जन भक्तिभाव से गाते तेरी गाथा
जय गंगा माता, जय-जय गंगा माता!!

जनम-जनम के पाप दूर होते माँ के दर्शन से
अशांत मन शांति पा जाता, दूर होता दुःख कृन्दन से
शिव-शंकर की जटा से निकली भागीरथी विधाता
जय गंगा माता, जय-जय गंगा माता!!

भेद नहीं करती माँ, तू सबसे प्यार करे
तेरा शीतल अमृत जल सबकी प्यास हरे
तू माता-सब बालक तेरे, गहरा है ये नाता
जय गंगा माता, जय-जय गंगा माता!!

सारे जग के प्राण माँ, तुझे करते हैं हम वंदन
पाप हरण कर मुक्ति देना, माँ ममतामयी चन्दन
“अनिल” कर रहा तेरी ये आराधना
जय गंगा माता, जय-जय गंगा माता!!

भजन - 6

मात-पिता के श्री चरणों में अपने श्रद्धा-सुमन धरो
जन्म दिया है उन्होंने तुमको, जीवन भर ये ध्यान धरो
मात-पिता के श्री चरणों में---!!

मिला ये जीवन उनकी कृपा से, नर तन तूने पाया है
तूने उनको दुखी किया तो, व्यर्थ ये जीवन काया है
उनकी सेवा कर तन-मन से, जीवन में आनंद भरो
मात-पिता के श्री चरणों में---!!

मात-पिता को जो दुख देता, प्रभु को वो नहीं पाता है
कितना भी मंदिर वो जाये, मुक्ति कभी ना पाता है
मात-पिता को दिल से पूजो, उनका आदर-मान करो
मात-पिता के श्री चरणों में---!!

"अनिल" जीत उसी की होती है, जो माता-पिता का दिल जीते
जीत उसी की होती है, जो मात-पिता का दिल जीते
गणपति जैसा प्रथम पूज्य वो, सत्य वो ही जीवन जीते
सच में अगर सुख पाना है तो, हर पल उनका ध्यान धरो
मात-पिता के श्री चरणों में---!!

भजन - 7

जय-जय बर्फानी बाबा, जय-जय अमरनाथ त्रिपुरारी
हर-हर महादेव शिव-शंकर, बम-बम भोला भंडारी
जय-जय बर्फानी बाबा ---!!

धन्य-धन्य वो गडेरिया, खोजा जिसने दिया पता
हम भी धन्य हो गये जिससे, देख पावन अमर गुफा
अमरनाथ हिमरूप विराजे, सुखकारी-आनंदकारी
जय-जय बर्फानी बाबा ---!!

शिवजी ने माँ पार्वती को यहाँ अमरकथा सुनाई थी
नींद आ गई माता को, वो नहीं उसे सुन पाई थीं
दो कबूतर सुन अमर हुए, कृपा हुई उन पर भारी
जय-जय बर्फानी बाबा ---!!

हिम-रूप, तुम्हारा मन-भावन तन-मन को करता पावन
शीतलता देता जीवन को रिम-झिम बरसे ज्यों सावन
शूल हटाकर, फूल खिलाते, त्रिनेत्र प्रभु नील-कंठधारी
जय-जय बर्फानी बाबा ---!!

पाप-विनाशक सुखकर्ता, शिव कष्ट निवारक सुखकर्ता
आनंदकारी नाम प्रभु का, निष्कटंक जीवन करता
'अनिल' सत्यं- शिवं- सुंदरं शंकर, भव-तारक गंगाधारी
जय-जय बर्फानी बाबा ---!!

गीत - 1

जय कारगिल वीर शहीदों, है आपको शत-शत नमन
आप जैसे वीरों से ही, महक रहा देश का चमन
जय कारगिल वीर शहीदों, है आपको शत-शत नमन!!!

वीरों आप ने देश पर बहुत बड़ा उपकार किया
कठिनतम कारगिल युद्ध में शत्रू का बंटाधार किया
राष्ट्र-प्रेम लहर बहाई, सबको एकाकार किया
देश - भक्तों ने भी दिया, इसमें अपना तन-मन-धन
जय कारगिल वीर शहीदों, है आपको शत-शत नमन!!!

घायल हुए मर गये पर ना पीछे कदम हटाया
करगिल हिल ऊँचे बैठे, दुश्मन को मार भगाया
हमको जो कमजोर समझे उनके भ्रमों को तोड़ा
कारगिल हिल तिरंगा फहरा गाया आपने जन-गण-मन
जय कारगिल वीर शहीदों, है आपको शत-शत नमन!!!

आपका युद्ध-कौशल देख, विश्व ने जय-जय कार किया
शत्रू की इस नीचता पर, जी भरके दुत्कार किया
आज़ादी वीर सपनो को यूँ आपने साकार किया

आपको जय हिंद कर रहा जन-जन, भारत माँ कण-कण
जय कारगिल वीर शहीदों, है आपको शत-शत नमन!!!

विजय कारगिल याद रहेगी, कोई भुला न पायेगा
आपका ये कारनामा, लोगों में जोश बढ़ायेगा
भारत का बच्चा-बच्चा, आपके गीत गायेगा
'अनिल' दुश्मन को वीरों, आपने दिखा दिया दर्पण
जय कारगिल वीर शहीदों आपको शत-शत नमन

गीत - 2

तिरंगा है भारत की शान, तिरंगा है भारत की शान
ऊँचा सदा रखेंगे इसको, चाहे चली जाये जान
तिरंगा है भारत की शान, तिरंगा...!!

इसकी खातिर अनेक वीरों ने दी कुर्बानी
गूँज रही है कण-कण से उनकी अमर कहानी
पूरे मन से देशभक्तो का करना है गुणगान
तिरंगा है भारत की शान, तिरंगा...!!

वीरों का सपना है ये शहीदों का सपना
लहराए हर घर आँगन, प्यारा ध्वज अपना
हमारा प्यारा ये तिरंगा, चूमे आसमान
तिरंगा है भारत की शान, तिरंगा...!!

"अनिल" देश की पहचान है ये, देश का है ये मान
कुछ भी हो जाये, न जाने देंगे इसका मान
अपना राष्ट्र-गीत गाएँगे, गाएँगे राष्ट्र-गान
तिरंगा है भारत की शान,तिरंगा है भारत की शान

गीत - 3

हाथों में तिरंगा लिए शान से फहराएंगे
वंदे मातरम गीत, हम मिलकर गाएँगे
कदम-कदम बढ़ाएंगे, हम कदम-कदम बढ़ाएंगे!!!

हम सिपाही हैं आज़ाद वतन के
हम तो हैं माली अपने चमन के
हिन्दू-मुस्लिम- सिक्ख - ईसाई
हम फूल वतन के हम तो हैं भाई
प्रेम की खुशबू फैलाएंगे
कदम-कदम बढ़ाएंगे, हम कदम-कदम बढ़ाएंगे!!!

आज़ाद करा गए हैं जो वतन को
दूर कर गए गुलामी के तम को
उनके सपनों को, जाने देंगे न बेकार
उनके सपनों को करेंगे हम साकार
उनकी शहादत को न भूल पाएंगे
कदम-कदम बढ़ाएंगे, हम कदम-कदम बढ़ाएंगे!!!

हम बढ़ाएंगे सम्मान देश का
गान गाएंगे हम स्वदेश का
सारे जहाँ से अच्छा ये देश हमारा
हमको तो है ये अपनी जान से भी प्यारा
दीप शान का अब 'अनिल' जलाएंगे
कदम-कदम बढ़ाएंगे, हम कदम-कदम बढ़ाएंगे!!!

गीत - 4

आओ करें उत्थान, भारत का नव-निर्माण
पूर्ण इच्छा शक्ति से, आओ लगा दें जान
करें भारत का नव-निर्माण!!!

माँस-पेशियाँ लोहे की हों, शिराएं भी हों इस्पात की
वज्र सामान मस्तिष्क निहित हो, ज़रुरत है उस राष्ट्र की
संकल्प शक्ति महान, करें भारत का नव-निर्माण!!!

राष्ट्र बने मजबूत तभी, जब जन- जन शिक्षा पाए
शिक्षा की लौ हो प्रकाशित, देश वही मंज़िल पाए
जीवन ज्योति है ज्ञान, करें भारत का नव-निर्माण!!!

गौरवमयी संस्कृति अतीत की, ध्वजा फिर से फहराएं
मातृप्रेम से सभी मिलजुल, वंदे मातरम को गाएँ
आओ बढ़ाये शान, करें भारत का नव-निर्माण!!!

धन लोलुपता, स्वार्थ भावना, तनिक न आने पाए
अहं - कपट, क्रोध- कालिमा, ज़रा नहीं छाने पाए
रखना हमेशा ध्यान, करें भारत का नव-निर्माण!!!

सत्य, अहिंसा, प्रेम खुशबू, हरमन को चन्दन कर दे
सेवा, समता, त्याग भावना, जीवन को कंचन कर दे
ईश्वर एक महान, करें भारत का नव-निर्माण!!!

कृष्णा ने गीता ज्ञान दिया जो, 'अनिल' जीवन में अपनाये
फल की चिंता छोड़कर, कर्म अपना करते जायें
फल देगा भगवान, करें भारत का नव-निर्माण!!!

गीत - 5

गीत लिखो, कविता लिखो, या फिर लिखो ग़ज़ल
प्रेम- अहिंसा जनहित जिसमें सार्थक वही सफल
रचना वही सफल, रचना वही सफल!!

विचार हो जिसमें सुन्दर, सद्भावों की हो बात
तन-मन को हरिया दे, ऐसी रिमझिम हो बरसात
शांति प्रेम सरिता बहे, जैसे कल-कल जल
रचना वही सफल, रचना वही सफल!!

अहं-शतुता-हिंसा-रावण, धूं-धूं कर जले
अज्ञान तिमिर पलभर न ठहरे, ऐसी ज्योति जले
बुरे चरित्र की बात न हो, हो सुचरित्रिक बल, हो जाये शत्रु विफल
रचना वही सफल, रचना वही सफल!!

देश प्रेम की बात जहाँ हो, लहराए तिरंगा
डूब के मन हो जाये पावन, ज्यों सुरसरि गंगा
संस्कृति की हो मधुरता जैसे- मीठे फल
रचना वही सफल, रचना वही सफल!!

वीर शहीदों की हो जिसमें, बंधू गौरव गाथा
कथा-चरित्र जब सुने हमारा गौरवान्वित हो माथा
देशप्रेम सद्कर्म मंत्र से गूंजे जग-नभ-थल
रचना वही सफल, रचना वही सफल!!

'अनिल' हमें बुराई से बचाकर कर दे मन को निर्मल
प्रेरित कर दे देश-हित में खुद को न्योछावर हर-पल
देखकर एकता- दृढ़ता हमारी हो जाये शत्रु विफल
रचना वही सफल, रचना वही सफल!!

गीत - 6

चन्द्रशेखर 'आजाद' थे, आजाद हैं, आजाद रहेंगे!
हम उनके बलिदानों को हरगिज भुला ना सकेंगे!!

आजादी को पाने के लिये, जो संघर्ष और त्याग किया है
कितने भी दुख झेले हर-पल, आजादी के सपनों को जिया है
नहीं हुए एक पल भी विचलित, वो रणबांकुर आजादी का
'आजाद' शहीद लहु कण-कण, हमारे लहु में बहेंगे
चन्द्रशेखर 'आजाद' थे, आजाद हैं, आजाद रहेंगे ...!!!

वो बलिष्ठ देह का बलिष्ठ सिपाही, मूछों पर ताव दिये
वो कई के प्रेरणा श्रोत बने, सपने उनके साथ जिये
भगतसिंह-सुखदेव-राजगुरू अनेकों में जोश भरा
उनके जैसे अनेक वीरों से ही, आजादी का दीप जला
आजाद भारत माँ बच्चे-बच्चे में वो बन के दीप जलेंगे
चन्द्रशेखर 'आजाद' थे, आजाद हैं, आजाद रहेंगे ...!!!

सपना सजाया आजादी का, जो वीर हो गये बलिदान
उनकी शहादत को नहीं कभी, भुला सकेगा हिन्दुस्तान
आज यह तिरंगा आजादी का लहराता है शान से

आजादी के ऐसे ही वीर शहीदों के बलिदान से
'अनिल' आजाद जी के सपने, हमारे रगों में पलेंगे
चन्द्रशेखर 'आजाद' थे, आजाद हैं, आजाद रहेंगे ...!!!

गीत - 7

आया अगस्त, पन्द्रह अगस्त!
हम सबका प्यारा, पन्द्रह अगस्त!!

कट गई बेड़ियाँ काँटों की
फूलों से मधुवन महक उठा
आजाद देश के चाह का
मन महक उठा, दिल चहक उठा
दूर हटा गुलामी अंधियारा
उगा सूर्य आजादी का
इसको न होने देंगे अस्त
आया अगस्त, पन्द्रह अगस्त ...!!

वीरों-शहीदों-जवानों को
न भूले उनके बलिदानों को
वो भारत माँ के अमर-पुत्र
लहराते ध्वज की शानों को
भारत माँ वीर सपूतों को
आजादी स्वर्णिम सपनों को

हरगिज़ न होने देंगे ध्वस्त
आया अगस्त, पन्द्रह अगस्त ...!!

उनकी आजादी का सपना
आज अपना हमें बनाना है
अपने कर्मों अनुशासन से
हमें देश की शान बढ़ाना है
आजाद देश में स्वच्छंद हो
निज- स्वार्थ पूर्ति में रत होकर
भूले न हरगिज़ हो के मस्त
आया अगस्त, पन्द्रह अगस्त ...!!

हिन्दू, मुस्लिम, सिक्ख, ईसाई
सबने ही लहू बहाया है
इन देश भक्तों के कारण ही
भारत आजादी से चहकाया है
इन सबके ही योगदान से
देशभक्ति बलिदान से
आजादी हुई हमको हस्थ
आया अगस्त, पन्द्रह अगस्त ...!!

*****